SUPERANDO EL DUELO

Tu Puedes Levantarte!

ISMEL CANELO-CORTEZ

SUPERANDO EL DUELO
@2020 ISMEL CANELO-CORTEZ

Todos los derechos están reservados exclusivamente por el autor. El autor garantiza que todos los contenidos son originales y no infringen los derechos legales de ninguna otra persona o trabajo. Ninguna parte de este libro puede reproducirse, almacenarse en un sistema de recuperación o transmitirse de ninguna forma o por ningún medio sin el permiso expresado o por escrito del autor.

Las citas bíblicas son tomadas de la Santa Biblia, Nueva Versión Internacional (NVI). Derechos de Autor © 1973, 1978, 1984, 2011 por Biblica, Inc. TM. Usado con permiso. Todos los derechos están reservados.

Impreso en los Estados Unidos de América
ISBN-13: 978-1-7359627-1-9
Radiant Publishing

DEDICATORIA

Este libro está dedicado a cada persona que ha perdido a un ser querido. Está dedicado de igual modo a cada persona que está atravesando por el difícil proceso del duelo.

Son millones de personas en el mundo entero que han experimentado la muerte de un ser amado, así que este libro está dedicado a todos aquellos que deseen superar este proceso y deseen levantarse y seguir caminando.

"En honor de quien fue en vida mi hermano, Ebiezel Canelo Gastón"

AGRADECIMIENTOS

- Agradezco a Dios primeramente por haberme permitido escribir este primer libro. Este proyecto nació en el corazón de Dios y Él me ayudó en toda esta aventura como autora para poder transmitirte estas palabras de ánimo, motivación y consuelo.

- Estoy profundamente agradecida de mi esposo Rev. Ovidio R. Cortez, por su incomparable amor, paciencia, comprensión, fidelidad y apoyo, que con sus oraciones y sus palabras de ánimo ha sido una pieza fundamental en este proyecto. Gracias Amor...

- A mi Familia, mis padres Rev. Rafael & Maritza Canelo, por siempre ser un apoyo para mí en todas las áreas. Les Amo! A mi hermano Adonis Canelo, a Orquidea, a mi cuñada Heidy Reyes, y toda la familia Canelo-Gastón, gracias por su amor incondicional.

- A Marlyn Rojas, mi diligente y talentosa editora y consejera en este proyecto. Gracias por el impulso y las palabras de ánimo, tal como me lo decías "saca de la mente y corazón el libro que tienes guardado".

- A dos mujeres de oración y mentoras que se mantuvieron orando por mí en silencio mientras escribía este libro, Santa Reyes y Rosa Iris Dijol. Gracias por orar en silencio por este Proyecto. Les Amo!

- Por último no puedo dejar de agradecer aquellas personas que Dios ha puesto en mi vida como mentores: Rev. Silvio Guerrero, Pastores Josue & Aracelis Guerrero, Eli Curet, Pastores Kibsaim y Raisa Jiménez, M.C. José Sura, Apóstol Rafael Sánchez. A mis amigos y hermanos en la fe que siempre han orado por mí, La Iglesia La Paz de Jesucristo que de igual modo siempre oran por nuestro ministerio.

Les Amo! *Muchas Gracias!*

CONTENIDO

DEDICATORIA iii
AGRADECIMIENTOS v
INTRODUCCIÓN 1
ESTUVE AHÍ 3
LA HERIDA TOMARÁ TIEMPO PARA SANAR ... 6
ENTIENDO TU ENFADO 14
MIEDO O DEPRESIÓN 20
NO QUIERES ACEPTAR LA REALIDAD 28
LA ACEPTACIÓN 34
EL DUELO Y LA HERENCIA 39
EL DUELO Y LAS FINANZAS 48
EJEMPLOS BÍBLICOS DE PERSONAS QUE SE SINTIERON IGUAL QUE TÚ. 53
BIOGRAFÍA 63

INTRODUCCIÓN

¿Qué es el duelo?

El duelo es el proceso psicológico que se produce tras una pérdida, una ausencia, una muerte o un abandono. Es diferente para cada persona. Se pueden sufrir diferentes síntomas emocionales y físicos como: ansiedad, miedo, culpa, confusión, negación, depresión, tristeza, conmoción emocional, etc.

El dolor por la pérdida se puede experimentar no sólo por la muerte, sino cada vez que en la vida tenemos una experiencia de interrupción definitiva de algo, de pérdida, de distancia que no podrá ser cubierta. La experiencia emocional de enfrentarse a la pérdida, es lo que llamamos elaboración del duelo, que nos conduce a la necesidad de adaptación a una nueva situación.

-Psicóloga Julia Pascual

Duelo en la Biblia

En la Biblia hay más de 61 versículos que nos hablan acerca del duelo. Encontramos en repetidas ocasiones la palabra endechar.

Endechar: Lamento, lloro, duelo.

Grandes hombres y mujeres, pueblos completos y familias experimentaron el duelo en la Biblia.

El duelo es algo real, es un proceso de dolor que en algún momento de la vida experimentamos y depende de nosotros que tiempo permanecemos en él.

El duelo se trabaja. Es por ello que el duelo no trabajado puede demorar años de superación, aunque cada duelo es diferente. Veamos a la luz de la palabra cómo podemos trabajar para superar el lamento, el lloro, o duelo.

ESTUVE AHÍ

Te entiendo y sé cómo te sientes en estos momentos, puedo imaginar tu frustración, tristeza y enfado... quizás sin deseos de vivir, y entiendo lo que estás pasando porque yo estuve allí.

Todo ocurrió el 12 de Octubre del 2018, alrededor de las 3:00 am cuando recibí la llamada más triste de toda mi vida. Era mi cuñada para darme la noticia de que mi hermano se había sentido mal en la casa, Le había dado un dolor de cabeza muy fuerte, Luego de esto cayó al piso y ella gritaba por ayuda, hasta que llegaron algunos vecinos a socorrerla. En ese momento se llevaron a mi hermano a la sala de emergencias del hospital más cercano. Los doctores no sabían exactamente qué había sucedido con él, mas no le daban muchas esperanzas de vida. Mientras escuchaba a mi cuñada hablarme, todo mi mundo se venía abajo, pues solo días antes Dios me dio la oportunidad de visitar a mi hermano en la República Dominicana y lo vi sano. Habían pasado 11 años sin verlo, por fin logré verlo y 11 días después su estado era crítico.

Sucedió que al llegar la mañana el neurólogo que estaba atendiendo a mi hermano le dejó saber a la familia que mi hermano había tenido un derrame cerebral y que su cerebro estaba lleno de sangre y solamente un milagro podría salvarlo.

¡Qué difícil momento! Pues tenía que darle la noticia a mis padres. Entiendo el dolor tan fuerte que causa el saber que alguien que amas ya no estará contigo. Después de 4 días en coma mi hermano murió.

El dolor invadió a nuestra familia, nos sentíamos heridos y frustrados, mis padres no podían viajar, y tenían muchos años sin ver a mi hermano y ahora la triste noticia de que murió sin que ellos pudieran verse una vez más, fue una experiencia devastadora.

Muchas preguntas llegaron a nuestra mente, por ejemplo; ¿Por qué sucedió todo esto? ¿Por qué Dios permitió que mi hermano muriera sin que pudiera reencontrarse una vez más con mis padres? ¿Por qué no pudieron verlo como yo pude verlo por última vez?

Estuve Ahí

Sentía un dolor fuerte por la separación de mi hermano de esta tierra y sentía tristeza al ver el dolor de mis padres, mi cuñada quien ahora quedaría viuda con 3 niños, mis Sobrinos *Heidzel, Anaya, y Matthew.*

Esto es solo una parte de la historia, en mi próximo capítulo te contaré como pude lidiar con esas heridas. Espero que esta historia de la vida real te de ánimo y te des cuenta que muchos han estado en tu lugar y han podido superarlo, así de igual manera tú lo podrás superar.

LA HERIDA TOMARÁ TIEMPO PARA SANAR.

El duelo se trata de una herida, y por tanto requiere de un tiempo para su cicatrización.

Tiempo!

Toda persona que experimenta el duelo necesita tiempo para que esas emociones puedan procesar el dolor y la tristeza. Esto puede tomar meses o años. Ha transcurrido un año y medio y aun mi mamá llora la partida de mi hermano. En ocasiones me siento a pensar y mi mente quiere asimilar como si no fuera real.

Hay que prestar atención a las heridas!

Recuerdo el día siguiente de recibir la noticia de que mi hermano tuvo un derrame cerebral, el dolor que sentía era tan grande que no dormí en toda la noche y por esta razón me sentí mal físicamente.

La Herida Tomará Tiempo Para Sanar.

Mi esposo tuvo que llevarme al hospital. Mi presión arterial estaba un poco elevada. Esto es algo de lo cual quiero hablarte. Tenemos que entender que si no sanamos nuestras heridas emocionales, estas pueden causarnos heridas físicas y enfermar nuestro cuerpo.

La herida y la tristeza pueden ser tan grandes que perdemos el deseo de comer, dormir y hasta descansar. Esto hasta cierto punto es normal los primeros días, pero es necesario animarnos y pensar en cuál es la voluntad de Dios.

El motor principal que me ayudó a sanar mis heridas se llama Dios...

Las heridas que sentí a causa de la muerte de mi hermano fueron profundas. Él era muy joven. Sólo tenía 36 años, sentía dolor por esto.

Un día sábado estaba en mi cuarto orando y mientras oraba me tiré al piso llorando y le pregunté a Dios por qué? Y escuché la voz de Dios hablarme y decirme con voz audible... **"Esta fue mi voluntad, yo estoy en control."**

Al escuchar esto, calmé un momento mi llanto para escuchar más claro, y una vez más Dios me habló con esa voz audible y me dijo, **"Mi voluntad**

es agradable y perfecta"... La Biblia nos dice en el libro de Romanos 12:2

"No os conforméis a este siglo, sino transformaos por medio de la renovación de vuestro entendimiento para que comprobéis cuál sea la buena voluntad de Dios agradable y perfecta"**(RVR1960)**. La Biblia también dice: "Los días del hombre ya están contados; tú has decidido ya cuantos meses vivirá; **su vida tiene un límite que no puede traspasar."** (Job 14: 5 - **RVC**).

Cuando Dios me habló fue un refrigerio a mi alma, aunque no entendía humanamente en ese momento el por qué fue su voluntad. Fue ahí cuando decidí confiar en que Él sabía lo que estaba haciendo. Hice un análisis un poco más allá de mis emociones y dije, "Quizás mi hermano podía atravesar algo peor aquí en la tierra y Dios ha decidido que fuera ahora su partida." También pensé en su salvación y dije... "Mi hermano estaba en el mejor momento de su caminar con Dios, lo que quiere decir que estaba listo y preparado para estar con su Padre Celestial.

Esto es muy importante que lo entendamos. Para nosotros, quizás no es el tiempo de que una persona que amamos parta de esta tierra pero quizás para Dios sí. Dios está en el cielo y conoce más que nosotros el futuro de nuestros seres queridos. Él sabe que acontecerá en los próximos días, meses, o años.

Entonces comencé a pensar de esta manera... cada vez que me despertaba o me iba a la cama a dormir y querían llegar esos pensamientos de tristeza, esas preguntas y esas frustraciones, pensaba en lo que Dios me había dicho . Me lo repetía yo misma y me decía... "Él está en un mejor lugar, él está en la presencia de Dios, esta fue su voluntad." Declarando esto en mi mente renunciaba a la depresión que quería invadirme en ese momento. De esta manera comencé a tratar las heridas que sentía dentro de mí. Dejé de cuestionar a Dios por lo sucedido y comencé aceptar lo que Dios había determinado.

Superando El Duelo

Llorar es Necesario!

*Gé 23:2 - Y murió Sara en Kiriath-arba, que es Hebrón, en la tierra de Canaán: y vino Abraham á hacer el **duelo** á Sara y á llorarla. (RVR 1960)*

***Gé 37:34** - Y Jacob rasgó sus vestidos, puso cilicio sobre sus lomos y estuvo de **duelo** por su hijo muchos días. (RVA)*

Jesús lloró - Juan 11:35

Llorar también es necesario para sanar las heridas. La Biblia nos narra la historia de Jesús cuando murió su amigo Lázaro, dice la palabra de Dios que Jesús lloró. Si Jesús lloró nosotros también podemos hacerlo porque llorar no es pecado. Llorar es bueno para la salud emocional. Cuando se llora se libera adrenalina y noradrenalina, hormonas que hacen que el cuerpo entre en un estado de relajación y desahogo. De esta manera liberamos el dolor que llevamos dentro. El llorar es un calmante natural.

La Herida Tomará Tiempo Para Sanar.

Recuerdo que cuando mi hermano murió yo no podía llorar. Las personas me decían, "Tú tienes que llorar para que puedas sacar lo que llevas dentro."

Pero no podía llorar. Todo esto me creó internamente mucha ansiedad.

Es por eso que ese día sábado tirada en el piso decidí sacar todo lo que había dentro de mí, todo lo que tenía guardado. Después de haber escuchado la voz de Dios me sentí plenamente libre.

Nunca Olvidaremos a nuestro ser querido...

Muchas personas temen entrar en el proceso de sanidad y liberación porque dicen: "Es que no quiero olvidarlo" (a)... quiero decirte que sanar no significa que olvidaras a tu ser querido, sanar significa que podrás recordar a tu ser amado que ya no está, sin que esto te detenga avanzar a ti mismo. Sin que caigas en depresión.

Puedes sentir un poco de tristeza al recordar y hasta llorar si es necesario. Como dije antes llorar es un relajante natural, Pero esto no significa que vas a entrar en depresión y de esto hablare más adelante.

Así que no temas, nunca olvidaremos aquellos

que Dios permitió que estuvieran en nuestras vidas, pero que ahora ya han partido de este mundo.

Nuestra esperanza y fortaleza deben estar sustentadas en lo que nos dice la palabra de Dios en el Libro de Juan 11:26: "Todo aquel que vive y cree en mí, no morirá eternamente. ¿Crees esto?" **(RVR)**

Todo aquel que cree en Jesús no morirá eternamente, tenemos esperanza de la resurrección.

1 Tesalonicenses 4:13-14 (NTV)

[13] Y ahora, amados hermanos, queremos que sepan lo que sucederá con los creyentes que han muerto, para que no se entristezcan como los que no tienen esperanza. [14] Pues, ya que creemos que Jesús murió y resucitó, también creemos que cuando Jesús vuelva, Dios traerá junto con él a los creyentes que hayan muerto.

Juan 8:51 (RVR1960)

[51] De cierto, de cierto os digo, que el que guarda mi palabra, nunca verá muerte.

La Herida Tomará Tiempo Para Sanar.
Veamos estas verdades Bíblicas como la medicina perfecta que necesitamos para sanar nuestras heridas.

Recordar estas verdades nos traerá consuelo al corazón. Podemos estar confiados que si hemos creído en Jesús como nuestro salvador y Señor, aunque nos duela la separación de nuestro ser querido, tenemos la certeza de que un día le volveremos a ver.

ENTIENDO TU ENFADO

Esta es una etapa que también debemos superar. Cuando el ser amado parte de esta tierra muchas veces nos sentimos enojados, nos entra el deseo de romper todo. Es un tipo de ira que llega a causa de nuestra impotencia de no poder retener en la tierra a nuestro ser amado.

Lo primero que debemos hacer es reconocer la rabia y aceptarla para poder sacarla fuera.

La rabia o el enojo tienen una razón de ser. Quizás ese ser a quien tanto amabas alguien le quitó la vida, quizás tuvo un accidente, o quizás murió de repente sin que nadie lo esperara, quizás estuvo enfermo y no hubo cura para su enfermedad. La realidad es que no importando cual haya sido la causa, te está provocando enojo.

Quizás tenías tantos sueños, anhelos, muchos planes para el futuro y ahora todos esos planes quedaron sin realizarse. Es imposible evitar que crucen por tu mente las escenas de la última conversación, la última vez que viste a ese ser querido, todo esto es tan frustrante para ti. Créeme que te comprendo y sé cómo te sientes ahora.

Recuerdo el día antes de mi hermano fallecer, él y mi mamá estaban planeando remodelar la casa en la República Dominicana. Esta fue la última conversación que ellos tuvieron. Al día siguiente mi hermano tenía que darle el estimado de cuánto saldría la remodelación de la casa. Este día nunca llegó porque esa misma noche mi hermano sufrió el derrame cerebral. Mi madre estaba frustrada, se preguntaba dónde quedarían esos planes, y se sentía molesta.

Honestamente es normal sentirte así en esos días de dolor, pero no por mucho tiempo. No podemos permitir que la ira y el enojo nos controlen. Debemos renunciar a esos sentimientos de enojo y de ira, porque estos sentimientos negativos producirán en nosotros raíces de amargura, de tristeza y dolor y esto puede significar un peligro en nuestra vida espiritual, emocional y física. Debemos entregarlo todo a Dios y de esta manera caminaremos hacia la superación del Duelo.

El Perdón es Necesario!

Para Sanar las heridas será necesario perdonar, perdonar la culpa.

Es muy común escuchar ese sentir de culpabilidad después de la partida de un ser querido. Entendemos que cada experiencia es diferente; para los padres, hermanos (as), hijo (os), etc. Cuán difícil es sanar cuando la herida ha sido causada por alguien que le haya quitado la vida a su ser querido. Esto es tan devastador pero es necesario perdonar. Es necesario sacar de nuestro corazón el odio o rencor hacia aquella persona que nos causó tanto dolor.

La Biblia nos habla acerca del perdón; Mateo 6:12 (dhh) dice: "Perdónanos el mal que hemos hecho, así como nosotros hemos perdonado a los que nos han hecho mal."

En nuestra carne humana se nos hace difícil perdonar o pedir perdón, pero cuando le permitimos al Espíritu Santo que entre a nuestras vidas y que nos ayude, Él nos ayuda en el proceso.

Quiero hacer mención de algo con sinceridad y es que no hay forma de que podamos lograr el perdón sin la ayuda de Dios. En su palabra se nos dio una regla de medir y es que seremos perdonados en la misma medida que perdonamos a los demás.

Entiendo que nadie tiene derecho a quitarle la vida a otra persona. Pero debemos renunciar a los deseos de venganza y dejar todo en las manos de Dios.

Quizás este no es tu caso, quizás tu caso es la culpabilidad que sientes porque pudiste haber hecho algo más para evitar lo sucedido. La realidad es que no podemos cambiar los hechos que ocasionaron la pérdida, pero si puedes cambiar tu dolor. Hoy tú tienes la decisión de superarlo, levantarte, perdonarte y perdonar.

Recuerdo a mis padres sentirse culpables por un momento. Llegamos a los Estados Unidos y mi hermano Ebiezel por ser mayor de edad no pudo llegar con nosotros. Aunque mi hermano ya era un hombre casado y con una familia hermosa con 3 niños, la partida de mi hermano golpeó bastante a mis padres y la culpabilidad no se hizo esperar. No había duda alguna de que Dios nos trajo a los Estados Unidos con un propósito. Mis padres habían recibido una palabra profética de que el Señor los traería para pastorear a esta nación. Palabra que se ha cumplido en su totalidad. Mis padres tienen 10 años como pastores en una congregación hermosa

"IGLESIA LA PAZ DE JESUCRISTO" en Union City, NJ. Iglesia en la cual también mi esposo y yo servimos como Pastores Asistentes. Nosotros todos como familia entendimos que era parte del plan de Dios, más sin embargo en el momento del duelo la culpa siempre llega.

Son muchas las batallas mentales y emocionales que sobresalen en medio del duelo y esta es una.

No podemos permanecer en el estado de la culpabilidad. Tenemos que perdonarnos y entender que las cosas pasan con un propósito y un destino que Dios ha marcado para cada uno de nosotros sobre la tierra.

La Biblia habla de que nuestros días están contados en la tierra y no podemos sobrepasar los días que ya Dios estableció para cada uno de nosotros (Job 14:5).

Aún hayamos sido culpables de la muerte de alguna persona, debemos superarlo!

Sabemos de esposas que han matado a sus esposos, o esposos a sus esposas, padres accidentalmente le han quitado la vida a sus hijos, e hijos a sus padres, amigos, etc. Debemos superar esto, perdonarnos y sanar, pedirle a Dios que quite toda culpabilidad en nosotros y entendamos que por la sangre de Cristo somos limpios de todo pecado y culpa, y de esta manera poder seguir hacia delante.

MIEDO O DEPRESIÓN

Esta etapa también debemos superarla, sé que puedes estar sintiendo esa incertidumbre ante el futuro, sentir el vacío. Esta etapa trae consigo mucho agotamiento y cualquier tarea se puede complicar para ti. Llegan a tu mente estos pensamientos... "ya mi vida no tiene sentido", "no seré feliz nunca", "no encontraré a nadie igual" o "ya no volverá ".

La Muerte de un Ser Querido...

Quiero iniciar este capítulo hablando sobre la muerte. Es un tema que poco queremos hablar o mencionarlo, pues de tan sólo mencionar la palabra **muerte** nos trae pensamientos de tristeza, miedo, ansiedad y dolor. Pero veamos como todo inició.

Todo comenzó en el huerto del Edén cuando Dios le habló Adán y le dijo:

Miedo O Depresión

Génesis 2: 15-17 **¹⁵** *Tomó, pues, Jehová Dios al hombre, y lo puso en el huerto de Edén, para que lo labrara y lo guardase.*

¹⁶ Y mandó Jehová Dios al hombre, diciendo: De todo árbol del huerto podrás comer;

¹⁷ Más del árbol de la ciencia del bien y del mal no comerás; porque el día que de él comieres, ciertamente morirás. (RVR)

Dios desde el principio de la creación nos creó para vivir eternamente. Nos estableció en la tierra para que la cuidáramos y viviéramos felices en ella.

Estableció reglas como dueño y Señor de todo. Dios tenía toda la autoridad para darnos reglas en la tierra que había creado. Regla que como muchos de nosotros conocemos no fue cumplida.

Adán y Eva desobedecieron a Dios comiendo del árbol el cual Dios le indicó que no comieran.

Génesis 3:6 - Y vio la mujer que el árbol era bueno para comer, y que era agradable a los ojos, y árbol codiciable para alcanzar la sabiduría; y tomó de su fruto, y comió; y dio también a su marido, el cual comió así como ella. Dice la palabra de Dios en Juan 8: 51: De cierto, de cierto os digo, que el que guarda mi palabra, nunca verá muerte (RVR1960). El deseo de Dios es que guardemos su palabra. Él nos promete vida, si la obedecemos, si la guardamos en nuestro corazón y la ponemos por obra.

La Muerte puede causarnos temor, pero recordemos lo que nos dice la Biblia: Salmos 23:4 Aunque ande en valle de sombra de muerte, No temeré mal alguno, porque tú estarás conmigo; Tú vara y tu cayado me infundirán aliento (RVR1960).

El sentimiento de temor debe ser entregado a Dios y seguir caminando hacia el futuro!

La Biblia nos habla de un hombre que un día se sintió así, se sintió con temor, con miedo. No sabía cómo avanzar porque había muerto su líder, había muerto aquel quien lo había guiado en todo. Ese personaje se llama Josué. Veamos que dice la palabra…

Josué 1:1-2 "Aconteció después de la muerte de Moisés siervo de Jehová, que Jehová habló a Josué hijo de Nun, servidor de Moisés, diciendo:

Mi siervo Moisés ha muerto; ahora, pues, levántate y pasa este Jordán, tú y todo este pueblo, a la tierra que yo les doy a los hijos de Israel."

Josué 1:6 "Esfuérzate y sé valiente; porque tú repartirás a este pueblo por heredad la tierra de la cual juré a sus padres que la daría a ellos."

Josué 1:7 "Solamente esfuérzate y sé muy valiente, para cuidar de hacer conforme a toda la ley que mi siervo Moisés te mandó; no te apartes de ella ni a diestra ni a siniestra, para que seas prosperado en todas las cosas que emprendas."

Josué 1: 9 "Mira que te mando que te esfuerces y seas valiente; no temas ni desmayes, porque Jehová tu Dios estará contigo en dondequiera que vayas." (RVR1960)

La Pérdida de un Líder...

Deuteronomio 34:8

*Y los hijos de Israel lloraron a Moisés por treinta días en la llanura de Moab; así se cumplieron los días de llanto y **duelo** por Moisés. (BLA)*

Cuán difícil fue para Josué continuar sin su líder. Es la realidad que atraviesa una persona que está sufriendo un duelo por la separación de su líder, ya sea su pastor, su mentor, esposo, papá, mamá o aquel hermano mayor, aquel jefe de trabajo, aquella persona a quien seguías, el proceso del dolor es fuerte y agudo.

Josué estaba triste, temeroso y con miedo de cómo iba a continuar. Tres veces en el mismo capítulo Jehová le habla a Josué acerca del temor y de esforzarse para superar la pérdida.

Jehová le dijo LEVÁNTATE!

Para superar el temor tenemos que tener la decisión de levantarnos del piso, de la tristeza y de la depresión, de los pensamientos negativos que nos encierran en el miedo, que nos paralizan y no nos permiten avanzar y llegar al propósito de Dios.

Miedo O Depresión

Jehová le dijo a Josué: "Mi siervo Moisés ha muerto;" y de esta forma le delega a Josué la posición que era de Moisés y lo convierte en el sucesor del mismo. Es de esto que ahora quiero hablarte.

Dios tiene el control de todas las cosas. Podemos ver en repetidas historias de la Biblia como Dios siempre tiene a alguien, un sucesor que se encargue de las responsabilidades que quedan después que alguien parte de esta tierra.

En el caso de Josué le encomendó llevar al pueblo hacia la tierra prometida. Jehová le recuerda sus promesas y le dice: **"Como estuve con Moisés estaré contigo" "Nadie te podrá hacer frente".** Estas palabras de afirmación fueron necesarias en ese momento de la vida de Josué.

Esto es muy importante, las palabras de afirmación reducen los pensamientos negativos. Recordar que el Señor estará con nosotros en los días difíciles nos ayudará a superar el temor.

Jehová le dice a Josué "ESFUÉRZATE Y SÉ VALIENTE"... Si perdiste a tu líder, tu guía, deberás aplicar esto a tu vida, deberás esforzarte y tomar valentía para superar los nuevos retos. Recordemos que el temor es un espíritu que nos detiene, nos limita. Jehová le dijo a Josué solamente cumple mis ordenanzas y todo lo que te envío, saca fuerzas de lo más profundo de ti y continúa caminando. No desmayes, porque donde quiera que vayas yo estaré contigo, haré prosperar tu camino y todo te saldrá bien.

Tenemos que recordar que el Amor de Dios echa fuera todo temor...

1 Juan 4:18 (RVR1960)

En el amor no hay temor, sino que el perfecto amor echa fuera el temor; porque el temor lleva en sí castigo. De donde el que teme, no ha sido perfeccionado en el amor.

En esta etapa del duelo tenemos que abrazarnos del amor de Dios. Quizás perdiste a tu líder, pero recuerda que tienes a un líder en los cielos que está dispuesto a ayudarte con su amor, a seguir el camino correcto. Este líder está dispuesto a darte instrucciones exactas para que puedas continuar en la vida triunfando y venciendo cada obstáculo que te presente en la vida.

Así como Josué lo hizo, tú también lo puedes hacer!

Miedo O Depresión

Josué llegó a su destino y propósito dirigiendo al pueblo a la tierra prometida. Hoy te invito a que descubras el propósito que debes seguir en la ausencia de tu líder. Canaán es el lugar a donde debes llegar. Quizás deberás esforzarte y ser valiente no solamente por ti mismo, sino por tu familia, por tu pueblo o tu nación. Quizás Dios te ha encomendado a guiar a otros, o ayudar a otros para que lleguen a la meta que Dios ha establecido. NO TEMAS! Dios ha prometido estar contigo donde quiera que vayas y prosperar todo lo que emprendas!

NO QUIERES ACEPTAR LA REALIDAD

LA NEGACIÓN...

"No puede ser verdad", "¡Cómo ha podido ser!", "¡No es justo!"... Son las palabras con dolor que salen de nuestros labios cuando no queremos aceptar la realidad. La incredulidad es la primera reacción ante un golpe de la vida. La negación es un escalón inevitable que hay que atravesar y del que finalmente hay que salir para digerir la pérdida.

Negar es una manera de decirle a la realidad que espere, que todavía no estamos preparados. El impacto de la noticia es tan fuerte que dejamos de escuchar, de entender, y de pensar. Puede suceder que en un primer momento el bloqueo sea tan grande que no podamos ni sentir. La negación tiene el sentido de darnos una tregua. "**Hay quien niega la pérdida pero también hay quienes aceptando**

precipitadamente la dura realidad, lo que en realidad tratan es de negar el dolor."

Psicóloga Julia Pascual

Recuerdo esos días de duelo por la partida de mi hermano, cuán difícil se nos hacía creer la realidad. La incredulidad llegaba a cada momento. Todavía al día de hoy casi dos años después me siento hablar con mi esposo de los sucesos de aquel día y es como si no hubiese sido real. Más sin embargo esta es una etapa que de igual manera tenemos que superar, tenemos que aceptar la realidad.

Recuerdo que mi mamá por mucho tiempo no quería cambiar el nombre de mi hermano entre sus contactos de teléfono, ya que su teléfono lo continuó usando su esposa. Cuando ella nos llamaba, recuerdo que mi mamá por mucho tiempo al ver en el teléfono el nombre de mi hermano ella evadía la triste realidad de que él ya no estaba. También escuchábamos las conversaciones guardadas en una plataforma llamada Whatsapp, era como si al escuchar cada conversación te hacía pensar que aún seguía con vida.

Recuerdo un día mi sobrino utilizando el teléfono de mi cuñada borró todos los audios guardados. ¡Wow! este día ella se sintió tan triste. Lo mismo sucedió conmigo por casi un año completo. Guardaba los audios, podía borrar todas las conversaciones de mi teléfono, menos las conversaciones que tuve mi hermano. Un día limpiando mi celular desde mi computadora, borré todos los audios de Whatsapp y no me percaté que borré los audios de mi hermano. Al llegar uno de esos días donde quería escuchar su voz, me di cuenta que había borrado todos los audios con su voz.

¡Qué tristeza sentí! Quise buscar en otros archivos y no encontré nada.

Ese día tuve que aceptar la realidad. Sentí que Dios me estaba enviando un mensaje y el mensaje fue muy claro, "Es tiempo de aceptar la realidad."

El mensaje de Dios hacia mí fue que rindiera todo, que lo entregara. Para poder superar esta etapa fue necesario hacer una entrega total. El negarnos a aceptar la realidad nos mantiene presos emocionalmente.

Es necesario que enfrentemos el dolor y aceptemos la realidad de que nuestro ser amado ya partió de esta tierra y ya no estará más con nosotros. Escuchar los audios antiguos simplemente alimentará nuestras emociones de algo falso y nos tomará más tiempo superar el duelo.

No Quieres Aceptar La Realidad

Quizás tú, al igual que yo has escuchado los audios guardados en la mensajería de voz. Quizás lees los mensajes antiguos, etc. Todo esto abre la herida y dificulta la sanidad interior que necesitas. Esto afectará tus pensamientos. Hoy te invito a tomar la decisión de cerrar el capítulo, sé valiente, esfuérzate, y vence tu temor de aceptar la realidad. Al hacerlo dolerà pero este es el camino a la sanidad.

EL INTERCAMBIO...

El intercambio es otra etapa que debemos superar. El intercambio se manifiesta cuando queremos cambiar la realidad. Es aquella etapa donde pensamos y decimos, "¿Por qué no me llevaste a mí", "¿Por qué mejor no pasó esto o aquello" y queremos cambiar la realidad totalmente. Esto lo vemos mucho cuando muere un hijo primero antes que los padres. El papá o la mamá siempre piden este intercambio. Ellos no pueden aceptar la realidad de que un hijo se le haya ido de este mundo antes que ellos.

El Rey David experimentó este sentimiento con la muerte de su hijo Absalón.

2 Samuel 18:33

[33] Entonces el rey se turbó, y subió a la sala de la puerta, y lloró; y yendo,

decía así: !Hijo mío Absalón, hijo mío, hijo mío Absalón! !Quién me diera que muriera yo en lugar de ti, Absalón, hijo mío, hijo mío! (RVR1960)

El dolor de David era tan fuerte que estaba dispuesto a intercambiar su misma vida por la de su hijo.

Absalón había muerto en medio de una gran batalla que tuvo lugar en un bosque. Allí quedó colgando entre unas ramas y a pesar de que Absalón se había levantado contra su padre para destronarlo de su reino, y que hasta su propia vida se vio en peligro, esto no limitó el amor de este padre por su hijo. Al morir lo lloró con tanto dolor deseando él mismo haber muerto.

2 Samuel 19:1 Dieron aviso a Joab: He aquí el rey llora, y hace duelo por Absalón. (RVR)

Esto también me trae recuerdos… mis padres hubieran preferido ser ellos quienes hubiesen partido en lugar de mi hermano. Esta etapa del intercambio hay que superarla porque al igual que las demás etapas que mencionamos anteriormente, estas afectan nuestras emociones y pensamientos.

Nos ayudará el recordar que Dios tiene un plan

y un tiempo determinado para cada persona en la tierra. Esto nadie lo puede cambiar sólo Dios si es su voluntad, de lo contrario nosotros por más que deseemos intercambiar la situación terminaremos frustrados y heridos.

Lo más saludable es aceptar la realidad....

LA ACEPTACIÓN...

Nunca es fácil aceptar que lo que se perdió ya no tiene vuelta atrás. Tenemos la alternativa de no aceptar esto, pero una vez que llegamos aquí nos damos cuenta de que si no lo hacemos el precio a pagar será muy alto. Es necesario reconocer que la pérdida forma parte de la vida, de la misma forma que perdemos la juventud, relaciones, lugares, y seres queridos...

Psicóloga Julia Pascual

Para superar el duelo la ACEPTACIÓN es una etapa muy determinante. Aceptar nos libera, y nos sana. El aceptar no quiere decir que no podrás recordar a tu ser querido, NO... la aceptación te da la facultad de recordar con la madurez necesaria, con la valentía y fortaleza de que ya has aceptado y puedes seguir caminando a tu propósito.

Esta etapa tampoco eliminará tus lágrimas... Aun en esta etapa podrás llorar cuando recuerdes a tu ser amado, pero estas lágrimas no serán de depresión sino una respuesta normal de tus emociones ante los recuerdos. Recordemos que llorar es una forma de drenar las emociones. Esto también es necesario.

El Rey David es un ejemplo de ENTREGA y ACEPTACIÓN ante la pérdida de un hijo...

Muerte del hijo de David y Betsabé...

2 Samuel 12:15 Y cuando Natán volvió a su casa, el Señor hizo que el niño que David había tenido con la mujer de Urías se enfermara gravemente. ¹⁶ Entonces David rogó a Dios por el niño, y ayunó y se pasó las noches acostado en el suelo. ¹⁷ Los ancianos que vivían en su palacio iban a rogarle que se levantara del suelo, pero él se negaba a hacerlo, y tampoco comía con ellos.

¹⁸ Siete días después murió el niño, y los oficiales de David tenían miedo de decírselo, pues pensaban: «Si cuando el niño aún vivía, le hablábamos y no nos hacía caso, ¿cómo vamos ahora a decirle que el niño ha muerto? ¡Puede cometer una barbaridad!»

Superando El Duelo

¹⁹ *Pero al ver David que sus oficiales hacían comentarios entre sí, comprendió que el niño había muerto; así que les preguntó:*

—¿Ha muerto el niño?

—Sí, ya ha muerto —respondieron ellos.

²⁰ *Entonces David se levantó del suelo, se bañó, se perfumó y se cambió de ropa, y entró en el templo para adorar al Señor. Después fue a su casa, y pidió de comer y comió.* **²¹** *Entonces sus oficiales le preguntaron:*

—¿Pero qué está haciendo Su Majestad? Cuando el niño aún vivía, Su Majestad ayunaba y lloraba por él; y ahora que el niño ha muerto, ¡Su Majestad se levanta y se pone a comer!

²² David respondió:

—Cuando el niño vivía, yo ayunaba y lloraba pensando que quizá el Señor tendría compasión de mí y lo dejaría vivir. **²³** Pero ahora que ha muerto, ¿qué objeto tiene que yo ayune, si no puedo hacer que vuelva a la vida? ¡Yo iré a reunirme con él, pero él no volverá a reunirse conmigo! (DHH)

La Aceptación...

David duró 7 días de ayuno y cilicio rogándole a Dios le perdonara su pecado y salvara la vida de su hijo. Pero, claro estaba que Dios ya había determinado algo distinto para este niño. Sus siervos trataban de animarlo y nada acontecía. Lo misterioso ocurrió después de la muerte del niño. David se levantó, se bañó, se vistió de ropa e hizo una declaración que si la tomas te ayudará a entregar y aceptar la muerte de ese ser querido. La declaración fue la siguiente ¿Qué objeto tiene que yo ayune, si no puedo hacer que vuelva a la vida? ¡Yo iré a reunirme con él, pero él no volverá a reunirse conmigo!

Después de la muerte sabemos que ya no hay vuelta atrás. No podemos hacer que esa persona regrese, pero sí podemos tener la convicción de que un día nos reuniremos otra vez con ese ser amado y esta es la mayor esperanza.

David estaba convencido que él iría donde estaba su hijo.

1 Tesalonicenses 4:13 Tampoco queremos, hermanos, que ignoréis acerca de los que duermen, para que no os entristezcáis como los otros que no tienen esperanza.

¹⁴ Porque si creemos que Jesús murió y resucitó, así también traerá Dios con Jesús a los que durmieron en él. (RVR1960)

EL DUELO Y LA HERENCIA

La herencia es el conjunto de bienes, derechos y obligaciones que se heredan de una persona tras su muerte, por ley o por testamento. Ejemplo: "estas tierras me corresponden por herencia", "salió de sus apuros económicos gracias a la sustanciosa herencia que le dejó su difunta mamá".

Esta es una etapa que también afecta nuestras vidas durante el duelo, ya sea por los beneficios recibidos, como las responsabilidades a cubrir.

Para que esto se lleve a cabo se necesita un testamento o ley. En muchos casos la ley prevalece más que el testamento porque al momento de la muerte no existe tal documento; ya que el simple hecho de mencionar la palabra "testamento" nos crea temor y pensamos en la "muerte". Ese mismo temor no nos deja preparar con tiempo nuestros últimos deseos y muchas familias experimentan un caos tras la muerte de un ser querido por falta de un testamento.

Permítame compartirle la grandiosa historia de 5 hermanas que tras la muerte de su padre habían quedado sin nada y de una forma sabia y prudente pudieron obtener la herencia de su padre.

Números 27 Reina-Valera 1960

Petición de las hijas de Zelofehad

27 Vinieron las hijas de Zelofehad hijo de Hefer, hijo de Galaad, hijo de Maquir, hijo de Manasés, de las familias de Manasés hijo de José, los nombres de las cuales eran Maala, Noa, Hogla, Milca y Tirsa;

² y se presentaron delante de Moisés y delante del sacerdote Eleazar, y delante de los príncipes y de toda la congregación, a la puerta del tabernáculo de reunión, y dijeron:

³ Nuestro padre murió en el desierto; y él no estuvo en la compañía de los que se juntaron contra Jehová en el grupo de Coré, sino que en su propio pecado murió, y no tuvo hijos.

El Duelo Y La Herencia

⁴ *¿Por qué será quitado el nombre de nuestro padre de entre su familia, por no haber tenido hijo? Danos heredad entre los hermanos de nuestro padre.*

⁵ *Y Moisés llevó su causa delante de Jehová.*

⁶ *Y Jehová respondió a Moisés, diciendo:*

⁷ *Bien dicen las hijas de Zelofehad; les darás la posesión de una heredad entre los hermanos de su padre, y traspasarás la heredad de su padre a ellas.*

⁸ *Y a los hijos de Israel hablarás, diciendo: Cuando alguno muriere sin hijos, traspasaréis su herencia a su hija.*

⁹ *Si no tuviere hija, daréis su herencia a sus hermanos;*

¹⁰ *y si no tuviere hermanos, daréis su herencia a los hermanos de su padre.*

¹¹ *Y si su padre no tuviere hermanos, daréis su herencia a su pariente más cercano de su linaje, y de éste será; y*

para los hijos de Israel esto será por estatuto de derecho, como Jehová mandó a Moisés.

Jehová Responde Ante Nuestras Peticiones...

En la ley de Israel no era permitido si un padre moría entregar herencia a las hijas. La herencia sólo se les podía entregar a los hijos varones. Aquí podemos apreciar la discriminación que había hacia la mujer.

Estas 5 hermanas habían perdido a su papá y ahora estaban a punto de perder su herencia. Más sin embargo, ellas tomaron la decisión de ir delante de Moisés, del sacerdote y toda la congregación y allí expresaron quien fue su padre y que éste no tuvo hijos. Ellas hicieron la solicitud de que se le entregara la heredad de su padre. Entonces Moisés presentó la petición delante del Señor y Jehová respondió a favor de estas mujeres.

Algo que deseo enfocar en este capítulo es acerca de la dependencia que es menester que tengamos en Dios. Cuando estamos solicitando algún tipo de derecho, no podemos olvidarnos que Dios es quien está en control de todas las cosas. Dios puede suplir lo que necesitamos si nos acercamos a Él con corazones sinceros. Él nos escucha. Debemos asegurarnos de ir donde las personas correctas y no actuar nosotros por nuestras propias cuentas. Debemos de cuidarnos de no entrar en pleitos y contiendas por ciertos beneficios que podamos recibir. Cuando acudimos a las personas correctas y con nuestra confianza puesta en el Señor podemos estar seguro de que Dios abrirá camino y si hay cosas que nos corresponden, Él en su voluntad perfecta, puede hacer que las cosas obren a nuestro favor.

Estas mujeres actuaron con valentía en el momento preciso. Esta es la actitud que debemos tomar en esta parte del duelo. La depresión no nos puede ganar. Hay momentos donde tenemos que levantarnos y tomar acción.

Esto me trae a la mente un suceso ocurrido en días donde hemos estado experimentando la pandemia del virus Covid-19. Muchas personas sucumbían a diario. En la ciudad de NY llegaron a más de 800 muertes por día. En nuestro estado de Nueva Jersey por igual, los casos de muertes subían tremendamente.

Tristemente uno de los nuestros falleció, un hermano muy amado en la fe. Este hombre fue diácono de nuestra congregación "La Paz de Jesucristo" en Union City, Nueva Jersey. Recuerdo aquel día martes, recibir la triste noticia de que nuestro amado hermano Santos Hernández había partido con el Señor. Sólo tenía su esposa y un hijo. Nosotros como familia entendíamos el golpe tan fuerte que fue para esta esposa y este hijo. Llegamos a la casa con máscaras y guantes para ayudarles en los preparativos. Como muchos de ustedes saben, no se podían hacer funerales, y las funerarias no daban abasto. Recuerdo que uno de esos días le pregunté a mi papá como estaba Alan, el hijo de Santos. Recuerdo que mi padre me dijo. "Él está bien". Mi padre como pastor o sacerdote estuvo con Alan esos días contemplando con la funeraria que día iba a ser posible el entierro de nuestro hermano Santos. Tuvieron que esperar una semana para poder hacerlo. Recuerdo el día del entierro, mi esposo y yo queríamos ir pero sólo permitieron a que asistieran tres personas. En ese momento sólo mi papá como el Pastor Principal de la Iglesia se presentó para hacer la ceremonia antes de enterrar el cuerpo. Mientras estaba yo en casa un tanto preocupada por Alan, ya que en estos días el apoyo y el calor humano son tan necesarios. Al regresar mi padre a la casa, le pregunté una vez más como estaba el chico. Ese día recuerdo a mi padre decirme "Este no es tiempo de llorar, es tiempo de resolver. Alan está bien. Ha estado resolviendo todo. Luego llegará el día donde podrá llorar". ¡Uff!!!

Estas palabras marcaron mi vida porque pensé, ¡wao! yo, estaría llorando, pero esto me dejó una gran enseñanza, y es que hay un tiempo para todo. La Biblia nos dice que todo tiene su tiempo.

Eclesiastés 3 Reina-Valera 1960

Todo tiene su tiempo

3 Todo tiene su tiempo, y todo lo que se quiere debajo del cielo tiene su hora.

² Tiempo de nacer, y tiempo de morir; tiempo de plantar, y tiempo de arrancar lo plantado;

³ tiempo de matar, y tiempo de curar; tiempo de destruir, y tiempo de edificar;

⁴ tiempo de llorar, y tiempo de reír; tiempo de endechar, y tiempo de bailar;

⁵ tiempo de esparcir piedras, y tiempo de juntar piedras; tiempo de abrazar, y tiempo de abstenerse de abrazar;

⁶ tiempo de buscar, y tiempo de perder; tiempo de guardar, y tiempo de desechar;

⁷ tiempo de romper, y tiempo de coser; tiempo de callar, y tiempo de hablar;

⁸ tiempo de amar, y tiempo de aborrecer; tiempo de guerra, y tiempo de paz.

Saber manejarnos en el tiempo preciso es algo que debemos aprender. Aunque sé que es muy difícil en un tiempo de dolor como el duelo. Esto sólo lo podemos lograr con la ayuda del Espíritu Santo. Tenemos que aprender a tomar control de nuestras emociones siendo valientes y esforzándonos para lograrlo.

Les cuento esta historia porque fue lo que pude ver en las hijas de Zelofehad y en la vida de Alan. Ellos actuaron con tanta valentía y no permitieron que la depresión les impidiera resolver las cosas que eran necesarias resolver en el tiempo preciso.

Estas cinco hermanas recibieron su heredad y desde aquel momento la ley cambió. Dios le dio instrucciones nuevas a Moisés de cómo se debía repartir la heredad después de la muerte del padre de familia.

De igual forma días después Alan recibió una correspondencia del Seguro de vida de su padre. Recuerdo que mi esposo como pastor de jóvenes estuvo con él constantemente ayudándolo en todo el proceso. Alan, un chico joven de 19 años, sin hermanos tuvo que ser valiente y enfrentar estos retos. Más como les dije anteriormente, debemos acudir a aquellos que de forma desinteresada están dispuestos a ayudarnos. Acercándonos en el tiempo correcto obtendremos buenos resultados.

EL DUELO Y LAS FINANZAS

Una realidad a enfrentar durante el duelo, son las situaciones financieras. Como se mencionó en el capítulo anterior, así como podemos heredar beneficios sustanciales de las personas que han muerto, así en ocasiones enfrentamos situaciones económicas, difíciles de sustentar.

En este capitulo te quiero compartir de la historia de **"La Viuda Endeudada"** que se encuentra en:

2 Reyes 4. (Reina-Valera 1960).

4 Una mujer, de las mujeres de los hijos de los profetas, clamó a Eliseo, diciendo: Tu siervo mi marido ha muerto; y tú sabes que tu siervo era temeroso de Jehová; y ha venido el acreedor para tomarse dos hijos míos por siervos.

² Y Eliseo le dijo: ¿Qué te haré yo? Declárame qué tienes en casa. Y ella

El Duelo Y Las Finanzas

dijo: Tu sierva ninguna cosa tiene en casa, sino una vasija de aceite.

³ El le dijo: Ve y pide para ti vasijas prestadas de todos tus vecinos, vasijas vacías, no pocas.

⁴ Entra luego, y enciérrate tú y tus hijos; y echa en todas las vasijas, y cuando una esté llena, ponla aparte.

⁵ Y se fue la mujer, y cerró la puerta encerrándose ella y sus hijos; y ellos le traían las vasijas, y ella echaba del aceite.

⁶ Cuando las vasijas estuvieron llenas, dijo a un hijo suyo: Tráeme aún otras vasijas. Y él dijo: No hay más vasijas. Entonces cesó el aceite.

⁷ Vino ella luego, y lo contó al varón de Dios, el cual dijo: Ve y vende el aceite, y paga a tus acreedores; y tú y tus hijos vivid de lo que quede.

La historia que acabamos de ver nos muestra como esta viuda después de la muerte de su esposo no pudo pagar sus deudas. Los acreedores vinieron para tomar a sus dos hijos. ¡Wao! muy fuerte para esta mujer quien había perdido a su esposo y ahora estaba en riesgo de perder a sus hijos. Fue un momento muy duro el cual tuvo que enfrentar. En el capítulo anterior hicimos mención de ir a la persona correcta, y eso fue precisamente lo que esta mujer hizo, fue a la persona correcta, en el momento correcto. Se presentó delante del profeta Eliseo, algo muy inteligente ya que el marido de esta mujer fue siervo del profeta Eliseo. Quizás esta viuda pensó que él podía ayudarle de algún modo.

Pero que hermoso que al igual que en la historia de las 5 hermanas, Moisés clamó al Señor y Dios contestó la petición. Ahora en esta historia vemos a un hombre de Dios lleno de fe que le hace la siguiente pregunta a esta mujer que ha quedado viuda y con deudas…. ¿Qué tienes en casa? Y ella respondió: "tu sierva nada tiene en casa, sino una vasija de aceite." Este hombre lleno de fe la hizo salir de la casa y buscar todas las vasijas posibles. Es aquí donde quiero detenerme un poco y llamar tu atención… Algo que observarás en todos los capítulos de este libro es que siempre te hablaré del esfuerzo y valentía para superar el duelo.

Esta mujer tuvo varias opciones:

1. Quedarse en casa y no hacer nada para solucionar su problema.

2. Cuestionar al profeta de Dios por lo que le estaba enviando hacer.

3. Escuchar a Eliseo e ir y hacer lo que este le envió hacer.

Esta es la situación en muchos de los casos. Tendemos a permitir que la depresión nos domine y no nos levantamos a hacerle frente a las situaciones que tenemos por delante. Quizás muchas mujeres u hombres después de la pérdida de su cónyuge han tenido que enfrentar la pérdida de bienes tales como casa, carro, seguros, y muchas otras cosas más. Es por eso que en este capítulo quiero animarte y motivarte a no permitir que pierdas lo que has logrado.

Esta viuda pudo haber permitido que se llevaran a sus hijos y quedarse sin nada. Perderlo todo no fue una opción para ella. Se levantó y salió a buscar las vasijas que Eliseo le dijo que buscase. Se encerró en su casa tal como el profeta le había dicho que hiciese y lo que sucedió fue algo milagroso. Cada vez que ella llenaba una vasija, el aceite se multiplicaba. Los hijos le ayudaban pasándole las vasijas, hasta que ya no hubieron más vasijas. Después de esto, vendió el aceite, pagó sus deudas y le sobró dinero para poder sobrevivir con sus hijos. ¡Wao! Yo creo y estoy convencida de que en los momentos difíciles y de crisis es donde puedes emprender tu propia empresa. Esta viuda pasó de ser una endeudada a ser una empresaria.

    Quizás tu cónyuge murió, no sabes cómo vas a resolver para pagar las deudas. Ora a Dios y pídele que te ilumine, que te hable y te muestre de qué manera podrías emprender tu propio negocio, o solicitar en un lugar de trabajo, ¡Anímate! Nada puede limitarte. El duelo no puede limitarte, debes ser emprendedora o un emprendedor. Entiendo que por un período de tiempo no tendrás deseos de hacer nada, pero será necesario levantarte y seguir hacia delante, seguir viviendo, seguir cuidando de tus hijos, seguir trabajando, seguir cuidando los negocios. No puedes permitir que se pierdan años de lucha y trabajo, y mucho menos perder a tu familia que es lo más importante.

    Esta viuda no dejó perder su familia, ni a sus hijos. Ella luchó por ellos. Así de igual forma te motivo a luchar por los tuyos, y si no tienes hijos, lucha por ti misma (o), pero lucha hasta el último suspiro de tu vida.

EJEMPLOS BÍBLICOS DE PERSONAS QUE SE SINTIERON IGUAL QUE TÚ.

Muerte y Sepultura de Sara...

Génesis 23: 2-6

² Y murió Sara en Quiriat-arba, que es Hebrón, en la tierra de Canaán; y vino Abraham a hacer duelo por Sara, y a llorarla.

³ Y se levantó Abraham de delante de su muerta, y habló a los hijos de Het, diciendo:

⁴ Extranjero y forastero soy entre vosotros; dadme propiedad para sepultura entre vosotros, y sepultaré mi muerta de delante de mí.

Superando El Duelo

> ⁵ *Y respondieron los hijos de Het a Abraham, y le dijeron:*
>
> ⁶ *Óyenos, señor nuestro; eres un príncipe de Dios entre nosotros; en lo mejor de nuestros sepulcros sepulta a tu muerta; ninguno de nosotros te negará su sepulcro, ni te impedirá que entierres tu muerta. (RVR1960)*

Abraham experimentó el luto, el duelo. Su esposa murió y él era un extranjero. ¿Cuántos se pueden identificar con esto?, ¿Cuántas personas dejan su lugar de origen y se mueven a otros países y sufren por este terrible suceso?

Abraham no tenía un terreno para enterrar a su esposa. Necesitaba un sepulcro... Una vez más al leer esta historia bíblica me remonta a lo vivido por la pandemia del virus Covid-19, ¿Cuántas personas en necesidad de un terreno para darle sepultura a su pariente? Muchos tuvieron que optar por cremar a su ser querido, pues no tenían la posibilidad de obtener un terreno para la sepultura.

Son momentos difíciles que también se viven durante el duelo. Abraham acudió a los hijos de Het. Los cuales con mucha empatía le dijeron a Abraham que en los mejores sepulcros que tenían él podía

Ejemplos Bíblicos De Personas Que Se Sintieron Igual Que Tú.

darle sepultura a su esposa Sara. Ellos no se lo negaron, ¡Wao! qué forma tan hermosa de ayudar al prójimo en momentos difíciles.

Esto también me hace recordar una vez más cuando mi hermano murió. Mi tío José Canelo (Santo), hermano mayor de mi Padre se encargó completamente de la sepultura de mi hermano en la República Dominicana. Le concedió un espacio en el panteón familiar que él ya tenía construido para él y su familia, lugar que sólo estaba ocupado por los restos de su distinguida esposa Gladys que en paz descanse. Ahora, allí mora el cuerpo de mi hermano, que tranquilidad sintieron mis padres. A si mismo se sintió Abraham al encontrar terreno para su esposa.

Por eso también aprovecho este capítulo para hablarte de la preparación ante una pérdida. Quizás no te gusta hablar de la muerte y mucho menos de prepararnos para este día. Pero es indispensable que hagamos una inversión para cuando llegue este día. Te animo sino lo tienes a obtener un seguro de vida. Sé que esto te sonará raro, pero si tienes los recursos para comprar un espacio de tierra o un panteón para ti y tu familia, hazlo. Estar preparados también es parte de la sabiduría que Dios nos da. En cualquier momento, sin avisar, de repente la vida nos puede cambiar; la muerte nos puede llegar y es de sabios estar preparados con Dios y también con todo lo que esto incurre aquí en la tierra.

Jacob llora por su hijo...

Génesis 37: 34-35

³⁴ Entonces Jacob rasgó sus vestidos, y puso cilicio sobre sus lomos, y guardó luto por su hijo muchos días.

³⁵ Y se levantaron todos sus hijos y todas sus hijas para consolarlo; mas él no quiso recibir consuelo, y dijo: Descenderé enlutado a mi hijo hasta el Seol. Y lo lloró su padre. (RVR1960)

Otro hombre en la Biblia que atravesó el duelo fue Jacob.

Jacob lloró amargamente la "supuesta" muerte de su hijo José, quien fue vendido por sus propios hermanos y le hicieron creer a su padre que había muerto.

Aunque José realmente no murió, este padre lloró sin consuelo a su hijo. Este hombre no quiso recibir consuelo alguno. Jacob quería vivir su vida sucumbida en el luto, y dolor.

Y esto precisamente es lo que no podemos

permitir, que el luto nos lleve todas las ganas y deseos de seguir viviendo plenamente.

Aunque José ya no estaba, Jacob tenía varios hijos por los cuales debía mantenerse de pie, en especial el hijo menor Benjamín, a quien ahora cuidaba y protegía para que no le sucediera lo mismo.

Génesis 42:38

*[38] Y él dijo: No descenderá mi hijo
con vosotros, pues su hermano ha
muerto, y él solo ha quedado; y si
le aconteciere algún desastre en
el camino por donde vais, haréis
descender mis canas con dolor al Seol.*
(RVR1960)

Esta historia se repite una y otra vez. ¡Cuántos padres y madres después de la pérdida de uno de sus hijos comienzan a sobre proteger a los que han quedado con vida! Lo hacen por el temor de que algo similar les pueda acontecer y en especial si son hijos menores. Siempre está ese temor de que algo les puede suceder y tendrían que sufrir una pérdida más.

Es justo lo que sintió Jacob. Tuvo temor de perder a su hijo más pequeño. No quiso dejarlo ir a Egipto.

El solo hecho de pensar que algo le podría suceder a su hijo lo llevaría a la tumba lleno de dolor.

Pero que hermoso cuando la verdad salió a la luz. José seguía con vida y Jacob pudo recuperar a su hijo perdido, dado por muerto. Esta familia fue restaurada y levantada del sufrimiento y del dolor.

Si has llorado por un hijo que se extravió, que han pasado los años y no sabes nada de él o de ella, quizás ya lo has dado por muerto, ¡¡Quiero animarte!!!

No puedo decirte que no llores, porque llorar es parte de la sanidad. Pero si quiero decirte que seas valiente, tú puedes superar esto, tú puedes levantarte y alzar tus ojos al cielo. Todavía hay esperanza. Así como esta historia he visto muchas, que después de muchos años el hijo perdido vuelve aparecer. Pero si este no llegara a ser tu caso, y tristemente tu hijo nunca aparece o muere...

Hoy te digo... ¡Levántate! ¡Tú Puedes Superarlo! Pídele a Dios que ponga en ti el deseo de seguir viviendo para que puedas ayudar a muchas personas que al igual que tú han pasado por la misma situación.

Ejemplos Bíblicos De Personas Que Se Sintieron Igual Que Tú.

Todo un Pueblo en Duelo…

Números 20:29

Y viendo toda la congregación que Aarón era muerto, le hicieron duelo por treinta días todas las familias de Israel.
(RVR)

Todo un pueblo experimentó el duelo, al morir uno de sus líderes, Aarón. Fue tanto el dolor que sintió el pueblo que hicieron duelo por 30 días.

¿Ha visto usted esto en nuestro tiempo actual?

Recuerdo cuando murió el líder Cubano Fidel Castro el 25 de Noviembre, 2016, todo un pueblo lloraba a su líder.

Como mencioné en uno de los capítulos anteriores hablando de cuando muere un líder, esto trae incertidumbre hacia el futuro.

No importando si el líder es bueno o malo siempre hay un pueblo que le sigue y que llorará su muerte. Para esto también tenemos que estar listos. Superar este tipo de duelo es necesario para que como ciudadanos sigamos hacia adelante no mirando quien está en el poder y quien ya no está. Debemos recordar que Dios es quien quita reyes y pone reyes.

Superando El Duelo

Daniel 2:21 (RVR1960)

El muda los tiempos y las edades; quita reyes, y pone reyes; da la sabiduría a los sabios, y la ciencia a los entendidos.

Dios había determinado que a causa de la rebeldía de Aarón, él no entraría a la tierra prometida y murió de una forma vergonzosa.

Este es otro punto que te quiero mencionar.

Según el tipo de muerte que tuvo nuestro ser querido, esto puede aumentar el dolor de la pérdida.

Hay ciertos tipos de muertes que duelen más que otras. Por ejemplo, aquellos tipos de muerte que no se puede recuperar el cadáver, son muertes que causan un duelo un poco difícil de superar, ya que tomará tiempo cerrar el capítulo, pero no es imposible lograrlo.

Podemos ver que a Aarón le hicieron duelo por 30 días. Lo mismo sucedió con Moisés, por 30 días el pueblo lloró la muerte de su mayor líder.

Para cerrar este capítulo quiero dejarte como referencia 2 versos bíblicos de personas que enfrentaron el duelo, pero pudieron ver la luz al final de túnel, pudieron levantarse y superar esta temporada de tristeza.

1 Crónicas 7:22

Y Efraín su padre hizo duelo por muchos días, y vinieron sus hermanos a consolarle. (RVR1960)

Lucas 8:52

Y lloraban todos, y hacían duelo por ella. Y Él dijo: No lloréis; no está muerta, sino duerme. (RVR1960)

También quiero concluir este libro con un versículo hermoso de las sagradas escrituras donde el Señor nos da una promesa grandiosa y esa promesa es que muy pronto el Rey de Reyes ha de venir y nos llevará a las moradas eternas.

Allí ya no habrá más lloro, no habrá más muerte, ni porque hacer duelo. No habrá dolor. Dios nos promete una vida eterna si creemos en Él, la muerte no se enseñoreará de nosotros, sino que de la misma forma que Él venció la muerte, así mismo nosotros venceremos siendo resucitados con Él eternamente y para siempre!

Superando El Duelo

Apocalipsis 21:4

El enjugará toda lágrima de sus ojos, y ya no habrá muerte, ni habrá más duelo, ni clamor, ni dolor, porque las primeras cosas han pasado.
(LBLA)

Esperamos que este libro haya sido de su edificación!

Si necesita oración o desea darnos su testimonio. Puede localizar a la autora, escribiendo a:

ismelcaneloministries@gmail.com
Ismel Canelo Ministries | fb
@ismelcanelo | Instagram
Ismel Canelo Ministries | YouTube

Muchas Gracias!

BIOGRAFÍA

Rev. Ismel Elizabeth Canelo Cortez, nació el 27 de Octubre, 1986, en Santo Domingo, República Dominicana. Hermana menor de tres hermanos e hija única.

Contrajo matrimonio con el Joven Ovidio R. Cortez el 17 de Diciembre, 2017.

Ambos pertenecen al Distrito Hispano del este de las Asambleas de Dios. Ismel Canelo-Cortez es Ministro Certificado del Concilio General de Las Asambleas de Dios de Springfield, Missouri.

Sus padres los Pastores Rafael y Maritza Canelo, instruyeron a Ismel en la palabra del Señor. Desde muy pequeña tuvo interés en la enseñanza y a sus 9 años inició dando clases bíblicas a los niños de su vecindario.

Luego con el paso de los años se fue interesando más en la Teología por lo cual decidió estudiarla y recibir su diploma. A sus 25 años de edad ya había obtenido varios diplomas:

- Diploma of Christian Ministry and Theology. Four years Completed.
- Reconocimiento como secretaria-tesorera. Bible Institute - Rama Union City.
- (Certified Teacher of Leadership School.) The Peace of Jesus Christ Church. Maestra Certificada de Escuela de Liderazgo.

Actualmente sirve a tiempo completo en el ministerio predicando la palabra e impartiendo conferencias en diferentes lugares. Es la Presidente de Ismel Canelo Ministries. Ha trabajado como Líder Juvenil por más de 10 años.

También imparte clases de Liderazgo acerca de cómo ser un líder eficaz y excelente. Trabaja como líder del Ministerio de Adoración. De igual modo sirve como maestra de Clases Biblias en la congregación que pastorean sus Padres Rev. Rafael Y Maritza Canelo. **"Iglesia La paz de Jesucristo" en Union City, NJ**, quien junto a su esposo Rev. Ovidio R. Cortez trabajan como Pastores Asociados, Pastores Juveniles, y líderes del Ministerio de Parejas o Matrimonios.

Biografía

Su mayor deseo es seguir llevando la palabra de Dios por el mundo entero y continuar escribiendo libros que edifiquen la vida de sus lectores.

www.ingramcontent.com/pod-product-compliance
Lightning Source LLC
LaVergne TN
LVHW011740060526
838200LV00051B/3263